ИЗДАТЕЛЬСТВО
60
«МАЛЫШ»

В. СУТЕЕВ

СКАЗКИ И КАРТИНКИ

Рисунки автора

«МАЛЫШ»

ВОСТОК

ТРИ
котёнка

Три котёнка — чёрный, серый и белый —

увидели мышь...

...и бросились за ней!

Мышь прыгнула в банку с мукой.

Котята — за ней! Мышь убежала.

А из банки вылезли три белых котёнка.

Три белых котёнка увидели на дворе лягушку и бросились за ней!

Лягушка прыгнула в старую самоварную трубу. Котята — за ней!

Лягушка ускакала...

...а из трубы вылезли три чёрных котёнка.

Три чёрных котёнка увидели в пруду рыбу...

...и бросились за ней!

Рыба уплыла...

...а из воды вынырнули три мокрых котёнка.

Три мокрых котёнка пошли домой.

По дороге они обсохли и стали как были: чёрный, серый и белый.

Цыплёнок и Утёнок

Вылупился из яйца Утёнок.
— Я вылупился! — сказал он.
— Я тоже, — сказал Цыплёнок.

— Я хочу с тобой дружить, — сказал Утёнок.
— Я тоже, — сказал Цыплёнок.

— Я иду гулять, — сказал Утёнок.
— Я тоже, — сказал Цыплёнок.

— Я рою ямку, — сказал Утёнок.
— Я тоже, — сказал Цыплёнок.

— Я нашёл червяка, — сказал Утёнок.
— Я тоже, — сказал Цыплёнок.

— Я поймал бабочку, — сказал Утёнок.
— Я тоже, — сказал Цыплёнок.

— Я хочу купаться, — сказал Утёнок.
— Я тоже, — сказал Цыплёнок.

— Я плаваю, — сказал Утёнок.

— Я тоже! — крикнул Цыплёнок.

— Спасите!..
— Держись! — крикнул Утёнок.
— Буль-буль-буль... — сказал Цыплёнок.

Вытащил Утёнок Цыплёнка.

— Я иду ещё купаться, — сказал Утёнок.
— А я — нет, — сказал Цыплёнок.

КОРАБЛИК

Пошли гулять Лягушонок, Цыплёнок, Мышонок, Муравей и Жучок.

Пришли на речку.

— Давайте купаться! — сказал Лягушонок и прыгнул в воду.

— Мы не умеем плавать, — сказали Цыплёнок, Мышонок, Муравей и Жучок.

— Ква-ха-ха! Ква-ха-ха! — засмеялся Лягушонок. — Куда же вы годитесь! — И так стал хохотать — чуть было не захлебнулся.

Обиделись Цыплёнок, Мышонок, Муравей и Жучок. Стали думать. Думали-думали и придумали.

Пошёл Цыплёнок и принёс листочек.

Мышонок — ореховую скорлупку.

Муравей соломинку притащил.

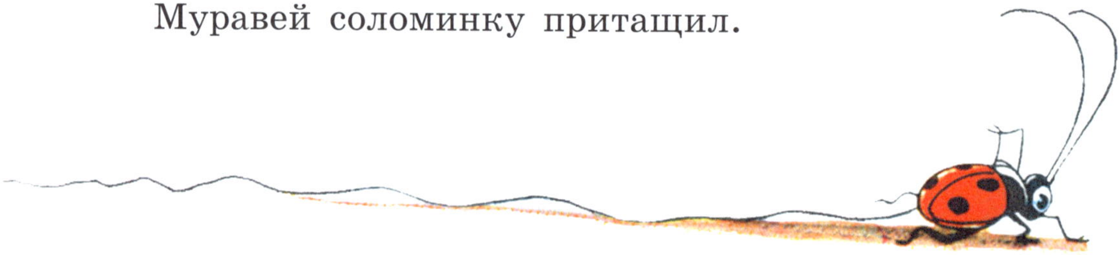

А Жучок — верёвочку.

И пошла работа: в скорлупку соломинку воткнули, листок верёвочкой привязали — и построили кораблик!

Столкнули кораблик в воду.

Сели на него и поплыли!

Лягушонок голову из воды высунул, хотел ещё посмеяться, а кораблик уже далеко уплыл... И не догонишь!

Капризная
Кошка

Девочка сидела за столом и рисовала картинки.

Вдруг пришла полосатая Кошка и стала смотреть, что делает Девочка.

— Что это ты делаешь? — спросила любопытная Кошка.

— Я рисую для тебя домик, — сказала Девочка. — Смотри: вот крыша, вот труба на ней, а это дверь...

— А что я там буду делать?

— Будешь печку топить, кашу варить.

И Девочка нарисовала, как из трубы домика идёт дым.

— А где окошко? Ведь кошка прыгает в окошко!

— Вот тебе окошки. Раз, два, три, четыре... — сказала Девочка и нарисовала четыре окна.

— А где я гулять буду?

— Вот тут.

Девочка нарисовала забор вокруг домика.

— Это будет сад, — сказала она.

Кошка посмотрела и фыркнула:

— Какой же это сад? Тут ничего нет!..

— Подожди, — сказала Девочка. — Вот тебе клумба с цветами, вот яблоня с яблоками, а здесь огород: тут морковка растёт и капуста растёт...

— Капуста! — поморщилась Кошка. — А где я буду рыбку ловить?

— Вот здесь...

И девочка нарисовала пруд, а в пруду рыбок.

— Это хорошо... А птички будут? — спросила любопытная Кошка. — Я люблю птичек.

— Будут. Вот тебе курочка, вот петушок, вот гусь, а вот и три цыплёнка...

Тут Кошка вдруг облизнулась, замурлыкала и тихо-тихо спросила:

— Ну... а мышки там будут... в домике?

— Нет, мышей не будет.

— А кто будет мой домик сторожить?

— Его будет сторожить... — Девочка нарисовала будку. — Будет сторожить вот этот Бобик!

Кошка даже хвостом дёрнула, и шерсть у неё почему-то дыбом встала.

— Не нравится мне твой домик, — сказала Кошка. — Не хочу я там жить!..

И ушла, будто её обидели.
Вот какая капризная Кошка!

МЫШОНОК
и
Карандаш

Жил-был на столе у Вовы Карандаш.

Однажды, когда Вова спал, на стол забрался Мышонок. Увидел Карандаш, схватил и потащил к себе в норку.

— Отпусти меня, пожалуйста! — взмолился Карандаш. — Ну зачем я тебе нужен? Я деревянный, и меня нельзя есть.

— Я тебя буду грызть! — сказал Мышонок. — У меня чешутся зубы, и я всё время должен что-нибудь грызть. Вот так! — И Мышонок больно укусил Карандаш.

— Ой!.. — сказал Карандаш. — Тогда дай мне в последний раз что-нибудь нарисовать, а потом делай что хочешь.

— Так и быть, — согласился Мышонок, — рисуй! Но потом я тебя всё равно изгрызу на мелкие кусочки.

Вздохнул тяжело Карандаш и нарисовал кружок.

— Это сыр? — спросил Мышонок.

— Может быть, и сыр, — сказал Карандаш и нарисовал ещё три маленьких кружочка.

— Ну конечно, сыр, а это дырочки в нём, — догадался Мышонок.

— Может быть, и дырочки, — согласился Карандаш и нарисовал ещё один большой кружок.

— Это яблоко! — закричал Мышонок.

— Может быть, и яблоко, — сказал Карандаш и нарисовал несколько вот таких длинных кружочков.

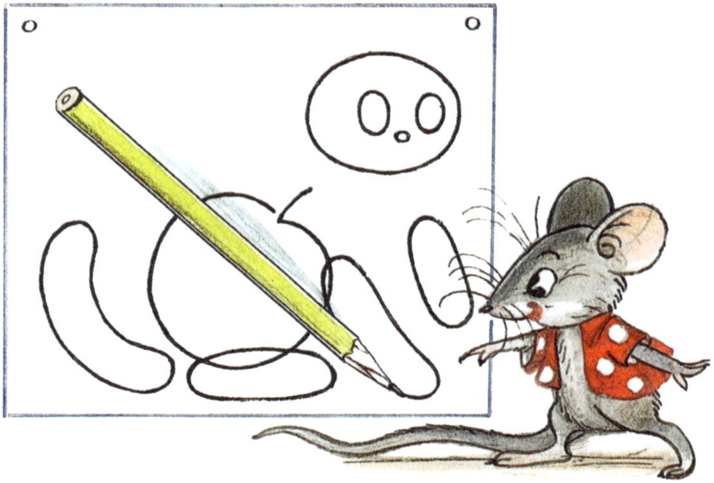

— Я знаю, это сардельки! — закричал, облизываясь, Мышонок. — Ну, кончай скорее, у меня ужасно чешутся зубы.

— Подожди минуточку, — сказал Карандаш.

И когда он начал рисовать вот эти уголки, Мышонок закричал:

— Это похоже на ко... Не рисуй больше!

А Карандаш уже нарисовал большие усы...

— Да это настоящая кошка! — пискнул испуганный Мышонок. — Спасите! — И бросился к себе в норку.

С той поры Мышонок оттуда носу не показывал.

А Карандаш у Вовы до сих пор живёт, только он стал вот какой маленький.

И ты своим карандашом попробуй нарисовать такую кошку, на страх мышатам.

Под грибом

Как-то раз застал Муравья сильный дождь.

Куда спрятаться?

Увидел Муравей на полянке маленький грибок, добежал до него и спрятался под его шляпкой.

Сидит под грибом — дождь пережидает.

А дождь идёт всё сильнее и сильнее...

Ползёт к грибу мокрая Бабочка:

— Муравей, Муравей, пусти меня под грибок! Промокла я — лететь не могу!

— Куда же я пущу тебя? — говорит Муравей. — Я один тут кое-как уместился.

— Ничего! В тесноте, да не в обиде.

Пустил Муравей Бабочку под грибок.

А дождь ещё сильнее идёт...

Бежит мимо Мышка:

— Пустите меня под грибок! Вода с меня ручьём течёт.

— Куда же мы тебя пустим? Тут и места нет.

— Потеснитесь немножко!

Потеснились — пустили Мышку под грибок.

А дождь всё льёт и не перестаёт...

Мимо гриба Воробей скачет и плачет:

— Намокли пёрышки, устали крылышки! Пустите меня под грибок обсохнуть, отдохнуть, дождик переждать!

— Тут места нет.

— Подвиньтесь, пожалуйста!

— Ладно.

Подвинулись — нашлось Воробью место.

Только спрятали Зайца — Лиса прибежала.
— Зайца не видели? — спрашивает.
— Не видели.
Подошла Лиса поближе, понюхала:
— Не тут ли он спрятался?
— Где ему тут спрятаться!
Махнула Лиса хвостом и ушла.

К тому времени дождик прошёл — солнышко выглянуло.

Вылезли все из-под гриба — радуются.

Муравей задумался и говорит:

— Как же так? Раньше мне одному под грибом тесно было, а теперь всем пятерым место нашлось!

— Ква-ха-ха! Ква-ха-ха! — засмеялся кто-то.

Все посмотрели: на шляпке гриба сидит Лягушка и хохочет:

— Эх, вы! Гриб-то...

Не досказала и ускакала.

Посмотрели все на гриб и тут догадались, почему сначала одному под грибом тесно было, а потом и пятерым место нашлось.

А вы догадались?

ЯБЛОКО

Стояла поздняя осень. С деревьев давно облетели листья, и только на верхушке дикой яблони ещё висело одно-единственное яблоко.

В эту осеннюю пору бежал по лесу Заяц и увидел яблоко.

Но как его достать? Яблоко высоко висит — не допрыгнешь!

— Крра-крра!

Смотрит Заяц — на ёлке сидит Ворона и смеётся.

— Эй, Ворона! — крикнул Заяц. — Сорви-ка мне яблоко!

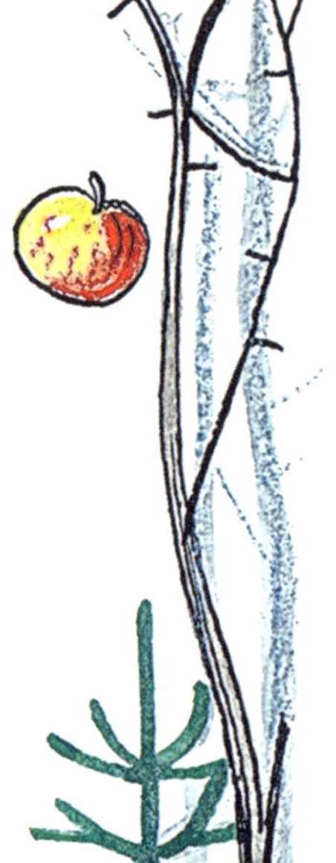

Ворона перелетела с ёлки на яблоню и сорвала яблоко. Только в клюве его не удержала — упало оно вниз.

— Спасибо тебе, Ворона! — сказал Заяц и хотел было яблоко поднять, а оно, как живое, вдруг зашипело... и побежало.

Что такое?

Испугался Заяц, потом понял: яблоко упало прямо на Ежа, который, свернувшись клубочком, спал под яблоней. Ёж спросонок вскочил и бросился бежать, а яблоко на колючки нацепилось.

— Стой, стой! — кричит Заяц. — Куда моё яблоко потащил?

Остановился Ёжик и говорит:

— Это моё яблоко. Оно упало, а я его поймал.

Заяц подскочил к Ежу:

— Сейчас же отдай моё яблоко! Я его нашёл!

К ним Ворона подлетела.

— Напрасно спорите, — говорит, — это моё яблоко, я его себе сорвала.

Никто друг с другом согласиться не может, каждый кричит:

— Моё яблоко!

Крик, шум на весь лес. И уже драка начинается: Ворона Ежа в нос клюнула, Ёж Зайца иголками уколол, а Заяц Ворону ногой лягнул...

Вот тут-то Медведь и появился. Да как рявкнет:

— Что такое? Что за шум?

Все к нему:

— Ты, Михаил Иванович, в лесу самый большой, самый умный. Рассуди нас по справедливости. Кому это яблоко присудишь, так тому и быть.

И рассказали Медведю всё, как было.

Медведь подумал, подумал, почесал за ухом и спросил:

— Кто яблоко нашёл?

— Я! — сказал Заяц.

— А кто яблоко сорвал?

— Как р-раз я! — каркнула Ворона.

— Хорошо. А кто его поймал?

— Я поймал! — пискнул Ёж.

— Вот что, — рассудил Медведь, — все вы правы, и потому каждый из вас должен яблоко получить...

— Но тут только одно яблоко! — сказали Ёж, Заяц и Ворона.

— Разделите это яблоко на равные части, и пусть каждый возьмёт себе по кусочку.

И все хором воскликнули:

— Как же мы раньше не догадались!

Ёжик взял яблоко и разделил его на четыре части.

Один кусочек дал Зайцу:

— Это тебе, Заяц, — ты первый яблоко увидел.

Второй кусочек Вороне отдал:

— Это тебе, Ворона, — ты яблоко сорвала.

Третий кусочек Ёжик себе в рот положил:

— Это мне, потому что я поймал яблоко.

Четвёртый кусочек Ёжик Медведю в лапу положил:

— А это тебе, Михаил Иванович...

— Мне-то за что? — удивился Медведь.

— А за то, что ты нас всех помирил и уму-разуму научил!

И каждый съел свой кусочек яблока, и все были довольны, потому что Медведь рассудил справедливо, никого не обидел.

КТО
СКАЗАЛ
„МЯУ"?

Щенок спал на коврике около дивана.

Вдруг сквозь сон он услышал, как кто-то сказал:

— Мяу!

Щенок поднял голову, посмотрел — никого нет.

«Это, наверно, мне приснилось», — подумал он и улёгся поудобнее.

И тут кто-то опять сказал:

— Мяу!

— Кто там?

Вскочил Щенок, обежал всю комнату, заглянул под кровать, под стол — никого нет!

Влез на подоконник, увидел — за окном во дворе гуляет Петух.

«Вот кто не дал мне спать!» — подумал Щенок и побежал во двор к Петуху.

— Это ты сказал «мяу»? — спросил Щенок Петуха.

— Нет, я говорю... — Петух захлопал крыльями и закричал: — Ку-ка-ре-ку-у-у!

— А больше ты ничего не умеешь говорить? — спросил Щенок.

— Нет, только «кукареку», — сказал Петух.

Щенок почесал задней лапой за ухом и пошёл домой...

Вдруг у самого крыльца кто-то сказал:

— Мяу!

«Это тут!» — сказал себе Щенок и быстро начал рыть под крыльцом всеми четырьмя лапами.

Когда он вырыл большую яму, оттуда выскочил маленький серый Мышонок.

— Ты сказал «мяу»? — строго спросил его Щенок.

— Пи-пи-пи, — запищал Мышонок. — А кто так сказал?

— Кто-то сказал «мяу»...

— Близко? — заволновался Мышонок.

— Вот здесь, совсем рядом, — сказал Щенок.

— Мне страшно! Пи-пи-пи! — запищал Мышонок и юркнул под крыльцо.

Щенок задумался.

Вдруг около собачьей конуры кто-то громко сказал:

— Мяу!

Щенок обежал вокруг конуры три раза, но никого не нашёл. В конуре кто-то зашевелился...

«Вот он! — сказал себе Щенок. — Сейчас я его поймаю...» Он подкрался поближе...

Навстречу ему выскочил огромный лохматый Пёс.

— Р-р-р-р! — зарычал Пёс.

— Я... я хотел узнать...

— Р-р-р-р!

— Это вы сказали... «мяу»? — прошептал Щенок, поджимая хвостик.

— Я?! Ты смеёшься, Щенок!

Со всех ног бросился Щенок в сад и спрятался там под кустом.

И тут, прямо над его ухом, кто-то сказал:

— Мяу!

Щенок выглянул из-под куста. Прямо перед ним, на цветке, сидела мохнатая Пчела.

«Вот кто сказал «мяу»!» — подумал Щенок и хотел схватить её зубами.

— З-з-з-з! — прожужжала обиженная Пчела и больно ужалила Щенка в кончик носа.

Завизжал Щенок, побежал, а Пчела — за ним.

Летит и жужжит:

— Уж-ж-жалю! Уж-ж-жалю!

Подбежал Щенок к пруду — и в воду!

Когда он вынырнул, Пчелы уже не было.

И тут опять кто-то сказал:

— Мяу!

— Это ты сказала «мяу»? — спросил Щенок Рыбу, которая проплывала мимо него.

Рыба ничего не ответила, махнула хвостом и исчезла в глубине пруда.

— Ква-ква-ква! — засмеялась Лягушка, сидев-

шая на листе лилии. — Разве ты не знаешь, что рыбы не говорят?

— А может быть, это ты сказала «мяу»? — спросил Щенок Лягушку.

— Ква-ква-ква! — засмеялась Лягушка. — Какой ты глупый! Лягушки только квакают.

И прыгнула в воду.

Пошёл Щенок домой, мокрый, с распухшим носом. Грустный, улёгся он на коврике около дивана. И вдруг услышал:

— Мяу!!!

Он вскочил — на подоконнике сидела пушистая полосатая Кошка.

— Мяу! — сказала Кошка.

— Ав-ав-ав! — залаял Щенок, потом вспомнил, как рычал лохматый Пёс, и зарычал: — Р-р-р-р!

Кошка изогнулась, зашипела: «Ш-ш-ш!», зафыркала: «Фыр-фыр!» — и выпрыгнула в окно.

Вернулся Щенок на свой коврик и улёгся спать.

Он теперь знал, кто сказал «мяу».

Разные
колёса

Стоит пенёк, на пеньке — теремок.

А в теремке живут Мушка, Лягушка, Ёжик да Петушок — Золотой Гребешок.

Вот как-то пошли они в лес — за цветами, за грибами, за дровами, за ягодами.

Ходили-ходили по лесу и на поляну вышли. Смотрят — а там пустая телега стоит. Телега-то пустая, да не простая — все колёса разные: одно

совсем маленькое колёсико, другое — побольше, третье — среднее, а четвёртое — большое-пребольшое колесище.

Телега, видно, давно стоит: грибы под ней растут.

Стоят Мушка, Лягушка, Ёжик да Петушок, смотрят и удивляются. Тут Заяц на дорогу из кустов выскочил, тоже смотрит, смеётся.

— Это твоя телега? — спрашивают Зайца.

— Нет, это Медведя телега. Он её делал-делал, не доделал да и бросил. Вот она и стоит.

— Давайте возьмём телегу домой, — сказал Ёжик. — В хозяйстве пригодится.

— Давайте, — сказали остальные.

Стали все телегу толкать, а она не идёт: у неё все колёса разные.

Толкали-толкали — толку никакого! Телега то направо завернёт, то налево упадёт.

И дорога плохая — то яма, то кочка.

А Заяц хохочет, от смеху надрывается:

— Кому нужна такая негодная телега!

Устали все, а бросить жалко — в хозяйстве пригодится.

Опять Ёжик догадался:

— Давайте все по колесу возьмём.

— Давайте!

Сняли с телеги колёса и домой покатили: Мушка — маленькое колёсико, Ёжик — побольше, Лягушка — среднее...

А Петушок вскочил на самое большое колесище, ногами перебирает, крыльями хлопает и кричит:

— Ку-ка-ре-ку-у!

Заяц смеётся:

— Вот чудаки, домой разные колёса покатили!

Тем временем Мушка, Ёжик, Лягушка и Петушок прикатили колёса домой и задумались: что с ними делать?

— Я знаю, — сказала Мушка, взяла самое маленькое колёсико — прялочку сделала.

Ёжик догадался: к своему колесу две палки приладил — тачка вышла.

— Я тоже придумала, — сказала Лягушка и колесо побольше к колодцу пристроила, чтобы лучше было воду брать.

А Петушок большое колесище в ручей опустил, жернова поставил и мельницу построил.

Все колёса в хозяйстве пригодились: Мушка на прялочке нитки прядёт, Лягушка с колодца воду

носит — огород поливает, Ёжик из лесу на тачке грибы, ягоды, дрова возит.

А Петушок на мельнице муку мелет.

Пришёл как-то к ним Заяц на их житьё посмотреть.

А его как дорогого гостя приняли:
Мушка ему варежки связала,
Лягушка морковкой с огорода угостила,
Ёжик — грибами да ягодами,
А Петушок — пирогами да ватрушками.

Стыдно стало Зайцу.

— Простите меня, — говорит. — Я смеялся над вами, а теперь вижу — в умелых руках и разные колёса могут пригодиться.

ПАЛОЧКА-выручалочка

Шёл Ёжик домой. По дороге нагнал его Заяц, и пошли они вместе. Вдвоём дорога вдвое короче.

До дома далеко — идут, разговаривают.

А поперёк дороги палка лежала.

За разговором Заяц её не заметил — споткнулся, чуть было не упал.

— Ах ты!.. — рассердился Заяц. Наподдал палку ногой, и она далеко в сторону отлетела.

А Ёжик поднял палку, закинул её себе на плечо и побежал догонять Зайца.

Увидел Заяц у Ежа палку, удивился:

— Зачем тебе палка? Что в ней толку?

— Эта палка не простая, — объяснил Ёжик. — Это палочка-выручалочка.

Заяц в ответ только фыркнул.

Пошли они дальше и дошли до ручья.

Заяц одним прыжком перескочил через ручей и крикнул уже с другого берега:

— Эй, Колючая Голова, бросай свою палку, тебе с нею сюда не перебраться!

Ничего не ответил Ёжик, отступил немного назад, разбежался, воткнул на бегу палку в середину ручья, одним махом перелетел на другой берег и стал рядом с Зайцем как ни в чём не бывало.

Заяц от удивления даже рот разинул:

— Здо́рово ты, оказывается, прыгаешь!

— Я прыгать совсем не умею, — сказал Ёжик, — это палочка-выручалочка-через-всё-скакалочка мне помогла.

Пошли дальше. Прошли немного и вышли к болоту.

Заяц с кочки на кочку прыгает. Ёжик позади идёт, перед собой палкой дорогу проверяет.

— Эй, Колючая Голова, что ты там плетёшься еле-еле? Наверно, твоя палка...

Не успел Заяц договорить, как сорвался с кочки и провалился в трясину по самые уши. Вот-вот захлебнётся и утонет.

Перебрался Ёжик на кочку, поближе к Зайцу и кричит:

— Хватайся за палку! Да покрепче!

Ухватился Заяц за палку. Ёжик изо всех сил дёрнул и вытянул своего друга из болота.

Когда выбрались на сухое место, Заяц говорит Ежу:

— Спасибо тебе, Ёжик, спас ты меня!

— Что ты! Это палочка-выручалочка-из-беды-вытягалочка!

Пошли дальше и у самой опушки большого тёмного леса увидели на земле птенчика. Он выпал из гнезда и жалобно пищал, а родители кружились над ним, не зная, что делать.

— Помогите, помогите! — чирикали они.

Гнездо высоко — никак не достанешь. Ни Ёж, ни Заяц по деревьям лазать не умеют. А помочь надо.

Думал Ёжик, думал и придумал.

— Становись лицом к дереву! — скомандовал он Зайцу.

Заяц стал лицом к дереву. Ёжик посадил птенца на кончик своей палки, залез с ней Зайцу на плечи, поднял как мог палку и достал почти до самого гнезда.

Птенчик ещё раз пискнул и прыгнул прямо в гнездо.

Вот обрадовались его папа и мама! Вьются вокруг Зайца и Ежа, чирикают:

— Спасибо, спасибо, спасибо!

А Заяц говорит Ежу:

— Молодец, Ёжик! Хорошо придумал!

— Что ты! Это всё палочка-выручалочка-наверх-поднималочка!

Вошли в лес. Чем дальше идут, тем лес гуще, темнее. Страшно Зайцу. А Ёжик виду не подаёт: идёт впереди, палкой ветки раздвигает.

И вдруг из-за дерева прямо на них огромный Волк выскочил, загородил дорогу, зарычал:

— Стой!

Остановились Заяц с Ежом.

Волк облизнулся, лязгнул зубами и сказал:

— Тебя, Ёж, я не трону, ты колючий, а вот тебя, Косой, целиком съем, с хвостом и ушами!

Задрожал Зайчик от страха, побелел весь, как в зимнюю пору, бежать не

может: ноги к земле приросли. Закрыл глаза — сейчас его Волк съест.

Только Ёжик не растерялся: размахнулся своей палкой и что есть силы огрел Волка по спине.

Взвыл Волк от боли, подпрыгнул — и бежать!..

Так и убежал, ни разу не обернувшись.

— Спасибо тебе, Ёжик, ты меня теперь и от Волка спас!

— Это палочка-выручалочка-по-врагу-ударялочка, — отвстил Ёжик.

Пошли дальше. Прошли лес и вышли на дорогу. А дорога тяжёлая, в гору идёт.

Ёжик впереди топает, на палочку опирается, а бедный Заяц отстал, чуть не падает от усталости.

До дома совсем близко, а Заяц дальше идти не может.

— Ничего, — сказал Ёжик, — держись за мою палочку.

Ухватился Заяц за палку, и потащил его Ёжик в гору.

И показалось Зайцу, будто идти легче стало.

— Смотри-ка, — говорит он Ежу, — твоя палочка-выручалочка и на этот раз мне помогла.

Так и привёл Ёжик Зайца к нему домой, а там давно его поджидала Зайчиха с зайчатами.

Радуются встрече, а Заяц и говорит Ежу:

— Кабы не эта волшебная палочка-выручалочка, не видать бы мне родного дома.

Усмехнулся Ёжик и говорит:

— Бери от меня в подарок эту палочку, может быть, она тебе ещё пригодится.

Заяц даже опешил:

— А как же сам ты без такой волшебной палочки-выручалочки останешься?

— Ничего, — ответил Ёжик, — палку всегда найти можно, а вот выручалку, — он постучал себя по лбу, — а выручалка-то вот она где!

Тут всё понял Заяц:

— Верно ты сказал: важна не палка, а умная голова да доброе сердце!

ПЕТУХ
и
КРАСКИ

Нарисовал художник Петуха, а раскрасить-то его и забыл…

Пошёл Петух гулять, и все на дворе вдруг стали смеяться. Даже Цыплята.

— Почему они смеются надо мной? — спросил Петух Собаку.

— Ты же ходишь совсем нераскрашенный, — сказала Собака, — посмотри-ка на себя!

Подбежал Петух к луже, посмотрел в воду.

И верно — Собака правду говорит.

Совсем расстроился Петух.

— Не печалься, — сказала Собака, — иди к Краскам, они тебе помогут.

— Ку-ку-да к Краскам? — закудахтал Петух. — Где я их найду?

— Я научу тебя, — сказала Собака. — Иди всё прямо, прямо, никуда не сворачивай. Пройдёшь леса, пройдёшь горы, через реки и озёра придёшь в Сказку и там найдёшь Краски!

И пошёл Петушок Краски искать: всё прямо, прямо, прямо...

Идёт Петух тёмным, дремучим лесом, и всё прямо... Страшно ему, а он бодрится, вида не подаёт...

Заметили его Лисята, закричали:
— Мама, мама! Смотри — Петух!
— Где, где Петух? — заволновалась Лиса.
— Вот он! Совсем близко! — запищали Лисята.
Увидела Лиса Петуха и отвернулась.

— Нет, нет... Этот Петух не годится, — сказала она.

Лисята чуть не плачут:
— Как так? Почему не годится?
— Он нераскрашенный. Это ненастоящий Петух!

А Петушок шёл всё прямо, прямо и вдруг белого Зайца повстречал.

— Скажи мне, Зайчик, — спросил Петушок, — где тут в Сказке живут Краски?

— Сказка здесь везде кругом, а Краски совсем рядом. Я сейчас у них был, краситься ходил.

— Краситься? — удивился Петушок. — Да ты весь белый, нераскрашенный, вроде меня.

— Ну нет, — сказал Заяц, — я летом был серый. А к зиме мы, зайцы, все в белый цвет красимся: чтобы Волк нас в снежных сугробах не нашёл.

И показал белый Заяц Петуху, где Краски живут.

Пришёл Петух к разноцветному теремку, подошёл к крылечку, захлопал крыльями и крикнул:

— Ку-ка-ре-ку!

— Кто там? — спросили за дверью.

— Это я, Петух.

Вышли Петуху навстречу Краски и говорят:

— Здравствуй, Петя-Петушок, зачем пожаловал?

Поклонился Петух низко-низко и просит:

— Краски, Краски, помогите мне!

— Входи, милости просим!

— Я помогу тебе, — сказала Красная Краска и раскрасила Петуху гребешок и бородку.

А Синяя Краска — пёрышки на хвосте.

Зелёная — крылышки.

А Жёлтая — грудку.

Посмотрел Петушок в зеркало — себя не узнал! Такой стал красивый!

Поблагодарил Петух добрые Краски и весёлый зашагал домой — всё прямо, прямо, прямо... Поёт на весь лес:

— Ку-ка-ре-ку!

Лисята увидели его, запищали:

— Мама, мама! Смотри — Петух назад идёт!

Рассердилась Лиса:

— Тише! Я уже сказала вам — этот Петух не годится. Он ненастоящий, нераскрашенный...

— Мама, мама! Он настоящий! Настоящий живой Петух!

Хотела Лиса догнать Петуха, да поздно спохватилась: он уже далеко ушёл...

Вернулся Петух на знакомый двор.

— Теперь ты настоящий Петух, — сказала Собака.

Больше над Петухом никто не смеялся. Даже Цыплята.

Ёлка

Посмотрели сегодня утром ребята на календарь, а там последний листок остался.

Завтра Новый год! Завтра ёлка! Игрушки будут готовы, а вот ёлки нет. Решили ребята написать Деду Морозу письмо, чтобы он прислал ёлку из дремучего леса — самую пушистую, самую красивую.

Написали ребята вот такое письмо и скорей побежали во двор — Снеговика лепить.

Работали все дружно: кто снег сгребал, кто шары катал...

На голову Снеговику старое ведро надели, глаза из угольков сделали, а вместо носа воткнули морковку.

Хороший получился Снеговик-почтовик!

Дали ему ребята своё письмо и сказали:

Снеговик, Снеговик,
Храбрый снежный почтовик,
В тёмный лес пойдёшь
И письмо снесёшь.

Дед Мороз письмо получит —
Найдёт в лесу ёлочку
Попушистее, получше,
В зелёных иголочках.

Эту ёлку поскорей
Принеси для всех детей!

Наступил вечер, ребята домой ушли, а Снеговик и говорит:

— Задали мне задачу! Куда мне идти теперь?

— Возьми меня с собой! — вдруг сказал щенок Бобик. — Я помогу тебе дорогу искать.

— Верно, вдвоём веселее! — обрадовался Снеговик. — Будешь меня с письмом охранять, дорогу запоминать.

Долго шли Снеговик и Бобик и наконец пришли в огромный, дремучий лес...

Выбежал навстречу им Заяц.

— Где тут Дед Мороз живёт? — спросил его Снеговик.

А Зайцу отвечать некогда: за ним Лиса гонится.

А Бобик: «Тяф, тяф!» — и тоже за Зайцем вдогонку.

Опечалился Снеговик:

— Видно, придётся мне дальше одному идти.

Тут как раз метель поднялась; завыл, закружил снежный буран...

Задрожал Снеговик и... рассыпался. Остались на снегу только ведро, письмо и морковка.

Прибежала обратно Лиса, злая:

— Где тот, кто помешал мне Зайца догнать?

Смотрит: никого нет, только письмо на снегу лежит. Схватила письмо и убежала.

Вернулся Бобик:

— Где Снеговик?

Нет Снеговика.

В это время Лису Волк нагнал.

— Что несёшь, кума? — зарычал Волк. — Давай делиться!

— Не хочу делиться, самой пригодится, — сказала Лиса и побежала.

Волк — за ней.

А любопытная Сорока за ними полетела.

Плачет Бобик, а зайцы говорят ему:

— Так тебе и надо: не гоняй нас, не пугай нас!..

— Не буду пугать, не буду гонять, — сказал Бобик, а сам ещё громче заплакал.

— Не плачь, мы тебе поможем, — сказали зайцы.

— А мы зайцам поможем, — сказали белки.

Стали зайцы Снеговика лепить, а белки — им помогать: лапками похлопывают, хвостиками обмахивают.

На голову ему опять ведро надели, глаза из угольков сделали, а вместо носа воткнули морковку.

— Спасибо, — сказал Снеговик, — что вы меня опять слепили. А теперь помогите мне Деда Мороза найти.

Повели его к Медведю. Медведь в берлоге спал — еле его разбудили.

Рассказал ему Снеговик про то, как послали его ребята с письмом к Деду Морозу.

— Письмо? — заревел Медведь. — Где оно?

Хватились — а письма-то и нет!

— Без письма вам Дед Мороз ёлку не даст, — сказал Медведь. — Лучше идите назад домой, а я вас из лесу провожу.

Вдруг, откуда ни возьмись, прилетела Сорока, трещит:

— Вот письмо! Вот письмо!

И рассказала Сорока, как письмо нашла.

А было всё вот как.

Пошли все с письмом к Деду Морозу.

Снеговик спешит, волнуется: то с горки скатится, то в яму провалится, то за пень зацепится.

Хорошо, Медведь его выручал, а то бы опять рассыпался Снеговик.

Наконец пришли к Деду Морозу.

Прочитал Дед Мороз письмо и сказал:

— Что ж так поздно? Не успеешь ты, Снеговик, принести ребятам ёлку к Новому году.

Тут все за Снеговика стали заступаться, рассказали, что с ним было. Дед Мороз дал ему свои сани, и помчался Снеговик с ёлкой к ребятам.

Медведь к себе домой пошёл — спать до самой весны.

А утром Снеговик стоял на прежнем месте, только у него в руках вместо письма была ёлка.

ЭТО ЧТО ЗА ПТИЦА?

Жил-был Гусь.

Был он очень глупый и завистливый.

И всем Гусь завидовал, со всеми ссорился, на всех шипел... Все качали головой и говорили:

— Ну и Гусь!..

Как-то раз увидел Гусь на пруду Лебедя.

Понравилась Гусю длинная лебединая шея.

«Вот, — подумал Гусь, — мне бы такую шею!»

И просит Лебедя:

— Давай меняться. Тебе — моя шея, мне — твоя.

Подумал Лебедь и согласился.

Поменялись.

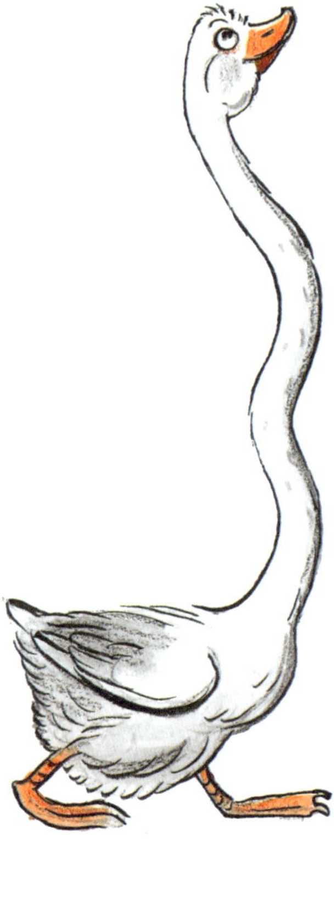

Пошёл Гусь с длинной лебединой шеей, не знает, что с ней делать. То так её повернёт, то этак вытянет, то колесом свернёт — всё неудобно.

Увидел его Пеликан и стал смеяться.

— Ты, — говорит, — ни Гусь, ни Лебедь! Ха-ха-ха!

Обиделся Гусь, хотел зашипеть и вдруг увидел у Пеликана клюв с большим мешком.

«Вот бы мне такой клюв с мешком!» — подумал Гусь.

И говорит Пеликану:

— Давай меняться: тебе — мой красный нос, а мне — твой клюв с мешком.

Посмеялся Пеликан, но согласился.

Поменялись.

Понравилось Гусю меняться.

С Журавлём Гусь ногами поменялся: за свои лапчатые получил тонкие, журавлиные.

У Вороны свои большие белые крылья на её маленькие чёрные выменял.

Долго Гусь уговаривал Павлина переменить его яркий хвост на свою закорючку...

Уговорил.

А добрый Петух подарил Гусю свой гребешок, бородку, а заодно и «кукареку»...

Стал Гусь ни на кого не похож.

Идёт Гусь на журавлиных ногах, вороньими крыльями без толку машет, лебединой шеей во все стороны крутит.

Навстречу ему стадо гусей.

— Га-га-га! Это что за птица? — удивились гуси.

— Я Гусь! — крикнул Гусь, захлопал вороньими крыльями, вытянул лебединую шею и гаркнул во всё пеликанье горло: — Ку-ка-ре-ку! Я лучше всех!

— Ну, если ты Гусь, идём с нами, — сказали гуси.

Пошли гуси на лужок, и Гусь с ними.

Все гуси траву щиплют, а Гусь только клювом с большим мешком хлопает — не может траву щипать.

Пошли гуси на пруд купаться, и Гусь с ними.

Все гуси в пруду плавают, а Гусь по берегу бегает — журавлиные ноги плавать не позволяют.

Смеются гуси:

— Га-га-га!

А он им:

— Ку-ка-ре-ку!

Вышли гуси на берег, а тут, откуда ни возьмись, Лиса!

Загоготали гуси и полетели.

Один Гусь остался — вороньи крылья его поднять не могут, побежал он на журавлиных ногах — да в камышах павлиньим хвостом запутался...

Тут ухватила его Лиса за длинную лебединую шею и понесла...

Увидели это гуси, налетели на Лису и давай её щипать со всех сторон.

Бросила Лиса Гуся и убежала.

— Спасибо, гуси, спасли вы меня! — сказал Гусь. — Теперь я знаю, что мне надо сделать.

Пошёл Гусь к Лебедю и отдал ему длинную шею, Пеликану вернул клюв с большим мешком, Журавлю — тонкие ноги, Вороне — чёрные крылья, Павлину — яркий хвост веером, а доброму Петуху — гребешок, бородку, а заодно и «кукареку».

И стал Гусь как гусь.
Только умный и независтливый.
Вот вам сказка про Гуся.
Вот она и вся!

МЕШОК яблок

Ходил Заяц с мешком по лесу, искал грибы-ягоды для своих зайчат, но, как назло, ничего ему не попадалось: ни грибов, ни ягод.

И вдруг посреди зелёной поляны увидел он дикую яблоню. А яблок румяных на ней и под ней — видимо-невидимо! Не долго думая, раскрыл Заяц свой мешок и стал в него яблоки собирать.

Тут Ворона прилетела, на пенёк села и каркает:

— Карр! Карр! Безобразие! Каждый будет сюда приходить, ни одного яблока не останется!

— Напрасно каркаешь, — говорит Заяц, — здесь яблок на весь лес хватит. А у меня зайчата дома голодные сидят.

Набрал Заяц полный мешок яблок. Мешок тяжёлый — не поднять. С трудом потащил его Заяц волоком по лесной тропинке...

И вдруг голова его уткнулась во что-то мягкое. Поднял голову Заяц и обомлел — перед ним Медведь стоит!

— Что у тебя там в мешке? — спросил Медведь.

Заяц пришёл в себя, открыл мешок и говорит:

— Вот... Яблоки... Угощайтесь, дядя Миша!

Попробовал Медведь одно яблоко.

— Ничего яблочки! Освежают! — проревел он, набрал большую горсть яблок и пошёл своей дорогой.

А Заяц — к себе домой.

Идёт Заяц по лесу, а со всех сторон бегут к нему бельчата, пищат хором:

— Дяденька Заяц! Дайте яблочек!

Ничего не поделаешь, пришлось снова мешок открыть.

По дороге домой Заяц встретил своего старого приятеля Ежа.

— Куда идёшь, Колючая Голова? — спросил Заяц.

— Да вот, за грибами собрался, а грибов нигде не видно. Хожу с пустой корзинкой.

— Ты лучше у меня яблок возьми. Бери, не стесняйся, у меня их много! — сказал Заяц и насыпал Ежу полную корзину яблок.

Вышел Заяц на лужок, а там Коза со своими козлятами гуляет. Их Заяц тоже яблоками оделил.

Ходил, ходил Заяц и устал. Присел было на какой-то бугорок, как вдруг...

— Спасибо, дружище! — сказал Крот и исчез под землёй вместе с яблоками.

В заячьем домике давно ждут папу-Зайца. Чтобы скоротать время, мама-Зайчиха рассказывает сказку своим голодным зайчатам.

И тут кто-то постучал в дверь...

Дверь распахнулась, и на пороге появились бельчата с большим лукошком, полным орехов.

— Вот! Это вам мама просила передать! — пропищали бельчата и убежали.

— Чудеса... — прошептала Зайчиха.

Пришёл Ёжик с корзиной, полной грибов.

— Хозяин дома? — спросил он Зайчиху.

— Да нет. Как с утра пошёл, так и не возвращался.

Попрощался Ёж, ушёл, а корзину с грибами оставил Зайчихе.

Соседка Коза принесла капусты и крынку молока.

— Это для ваших детей, — сказала она Зайчихе.

Чудеса продолжались...

Со стуком откинулась крышка подпола, и показалась голова Крота.

— Это дом Зайца? — спросил он.

— Да, мы тут живём, — сказала Зайчиха.

— Значит, я правильно подкоп вёл! — обрадовался Крот, и полетели из подпола всякие овощи: морковка, картошка, петрушка, свёкла. — Привет Зайцу! — крикнул Крот и исчез под землёй.

А Ворона всё каркает:

— Карр! Карр! Всем яблоки раздавал, а меня хоть бы одним яблочком угостил!

Смутился Заяц, вытряхнул из мешка последнее яблоко:

— Вот... Самое лучшее! Клюй на здоровье!

— Очень мне нужно твоё яблоко, я их терпеть не могу! Карр! Карр! Что делается! Родным голодным детишкам пустой мешок несёт!

— А я... А я сейчас обратно в лес пойду и снова мешок полный принесу!

— Куда же ты пойдёшь, глупый! Смотри, какая туча собирается!

И побежал Заяц обратно в лес.

А когда прибежал к своей заветной яблоне, то там...

Увидел Волк Зайца, облизнулся и спрашивает:
— Тебе что здесь нужно?
— Я... Яблочки хотел собрать... Зайчатам...

— Значит, ты яблочки любишь?
— Лю... Люблю.

— А я зайцев очень люблю! — зарычал Волк и бросился на Зайца.

Вот тут-то и пригодился Зайцу пустой мешок.

Уже поздно ночью приплёлся Заяц к своему дому.

А дома давно крепким сном спали сытые зайчата. Только одна Зайчиха не спала: тихо плакала в своём уголке.

Вдруг скрипнула дверь.

Вскочили зайчата:

— Ура! Папа пришёл!

Зайчиха подбежала к двери: на пороге стоял Заяц, весь мокрый.

— Я ничего... совсем ничего вам не принёс, — прошептал он.

— Зайчик мой бедный! — воскликнула Зайчиха.

И вдруг страшный удар потряс дом.

— Это он! Волк! Заприте дверь! Прячьтесь все! — закричал Заяц.

Зазвенели стёкла, распахнулось окошко, и появилась большая голова Медведя.

— Вот! Держи от меня подарок, — прорычал Медведь. — Мёд настоящий, липовый...

Утром вся заячья семья собралась за столом. А на столе чего только нет! Грибы и орехи, свёкла и капуста, мёд и репа, морковь и картошка.

А злая Ворона удивляется:

— Никак ума не приложу: как могло из пустого мешка столько добра появиться?

УМЕЛЫЕ
РУКИ

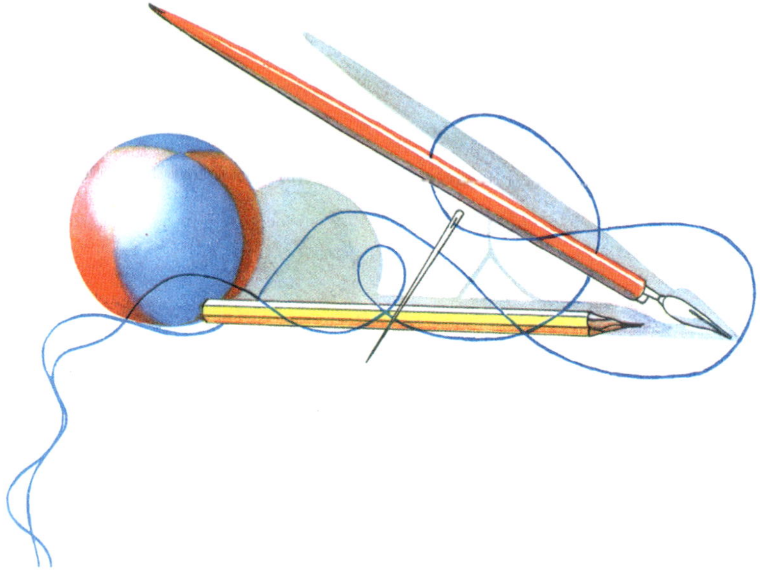

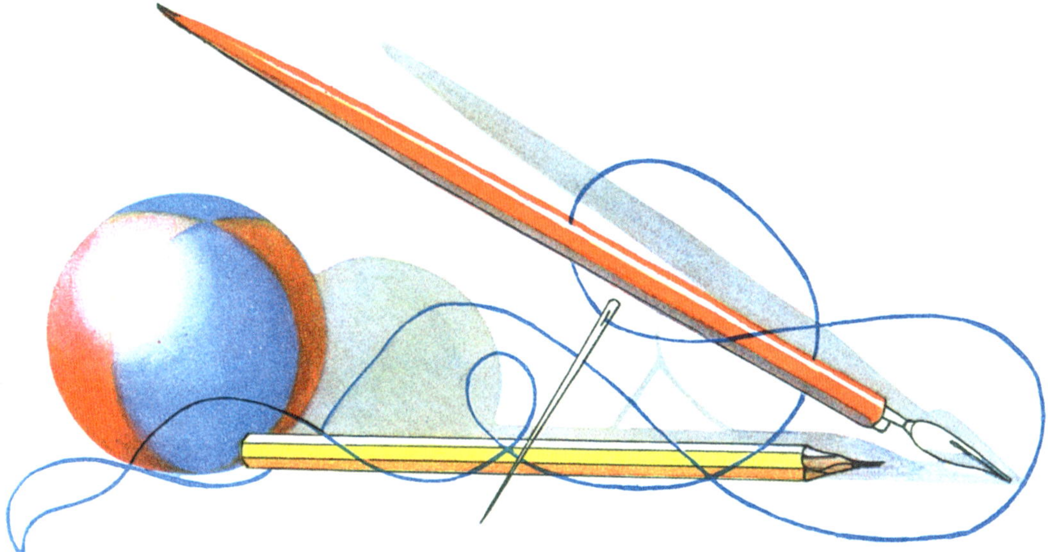

Поспорили как-то между собой Иголка, Карандаш, Ручка и Мячик, кто из них лучше.

— Я всех лучше! — сказала Иголка. — Посмотрите, какая я острая...

— Нет, это я всех лучше! — сказал Карандаш. — Я деревянный, и на мне золотыми буквами написано: «Пионер».

— Я гораздо лучше! — крикнула Ручка. — Я вся из прекрасной пластмассы, а перо у меня блестит, как серебро.

Мячик ничего не сказал, но все поняли, что он тоже считал себя лучше всех.

Долго они спорили, кричали и так и не могли решить, кто же из них всех лучше.

И вдруг пришли Умелые Руки.

— Здравствуй, моя милая Иголочка! — сказали Умелые Руки.

Взяли Иголку, продели ей в ушко яркую нитку и на кусочке полотна вышили крестиком вот такого петушка:

— Вот видите, какая я мастерица! — гордо сказала Иголка. — Я вам говорила!..

Приуныли Карандаш, Ручка и Мячик — правда, петушок был очень красив.

— Здравствуй, дорогой мой Карандашик! — сказали Умелые Руки.

Взяли Карандаш, листочек бумаги и скоро-скоро нарисовали вот такую картинку:

— Смотрите, смотрите, какой я молодец! — хвастливо сказал Карандаш. — Ну кто скажет, что я не художник!

Ручка и Мячик от зависти ничего не могли сказать, только одна Иголка презрительно тряхнула своей ниткой и прошептала:

— Подумаешь, художник! Вышивать-то труднее...

А Умелые Руки взяли Ручку, обмакнули пёрышко в чернила и написали красивыми буквами:

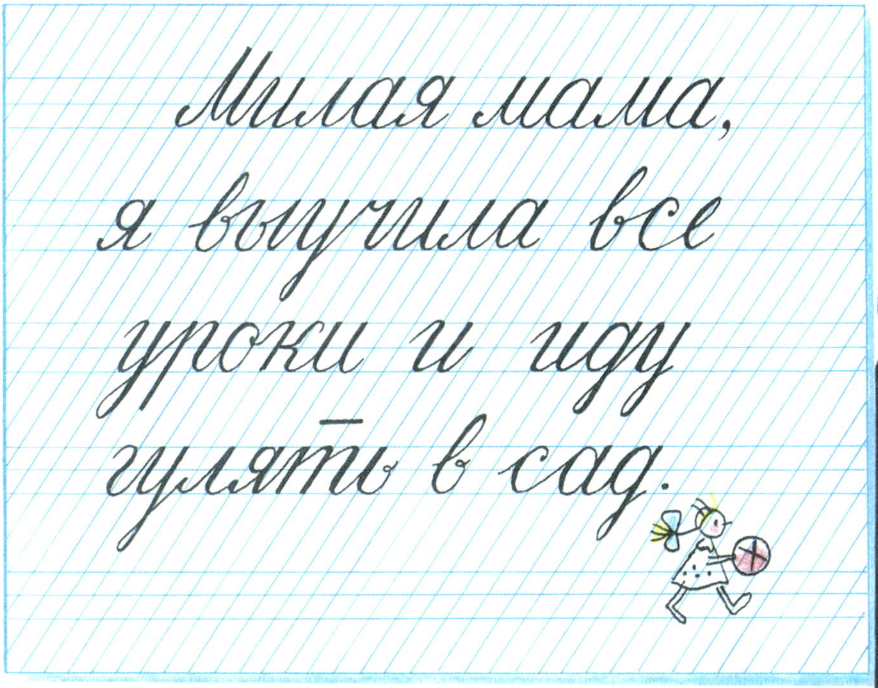

Обрадовалась Ручка:

— Конечно, я всех лучше! Ну кто, кроме меня, так красиво напишет!

Тут все согласились, что Ручка хорошо написала и что записка не хуже петушка

и картинки. Только Мячик обиделся, надулся и ничего не сказал, но все поняли, что он теперь не считает себя лучше других.

И всем даже жалко его стало.

Вдруг Умелые Руки взяли Мячик и пошли с ним в сад, и Мячик весело запрыгал высоко-высоко!

— Вот как я умею! Вот как я прыгаю! Вот как! Вот как! — радостно закричал Мячик.

Пришла мама.

Она полюбовалась вышитым петушком, картинкой, прочитала записку и выглянула в окно — там Умелые Руки играли Мячиком. Мама улыбнулась и сказала:

— Славная моя дочка — Умелые Руки!

КОТ-РЫБОЛОВ

Пошёл как-то Кот на речку рыбу ловить и у самой опушки Лису встретил.

Помахала Лиса пушистым хвостом и говорит медовым голоском:

— Здравствуй, кум-куманёк, пушистый коток! Вижу, рыбку ловить собрался?

— Да вот хочу котятам моим рыбки принести.

Лиса глаза опустила и совсем тихо спрашивает:

— Может быть, ты и меня рыбкой угостишь? А то всё куры да утки...

Усмехнулся Кот:

— Так и быть. Первую рыбку тебе отдам.

— Уж не знаю, как тебя благодарить.

— Ладно, ладно.

Пошёл Кот дальше, а Лиса за ним вприпрыжку бежит и про себя шепчет:

— Первая рыбка моя, первая рыбка моя!..

А тут из-за ствола мохнатой ели вышел им навстречу большой лохматый Серый Волк.

— Здорово, браток! — прохрипел Волк. — На рыбалку топаешь?

— Да вот, хочу котятам...

— Ну а мне... рыбёшки подбросишь, браток? А то всё козы да овцы, козлы да бараны... Мне бы чего-нибудь постненького!

Усмехнулся Кот:

— Ну ладно. Первая рыбка Лисе, а вторая — тебе!

— Молодец, браток! Спасибо!

— Ладно, ладно.

И все пошли дальше, к реке поближе. Шагает Кот по лесу, за ним Лиса вприпрыжку бежит, про себя шепчет: «Первая рыбка моя, первая рыбка моя!»

Волк позади ковыляет, бормочет:

— А вторая моя! А вторая моя!

Вдруг из самой чащи вышел Медведь. Увидел Кота с удочкой, как заревёт:

— Эй, сынок! Ты что — рыбу ловить?

— Вот хочу котятам...

— Слушай, сынок, неужели мне, старику, рыбы не дашь? Я ведь до смерти люблю рыбу-то! А то всё быки да коровы, с рогами да копытами...

Кот усмехнулся в усы, говорит:

— Первую рыбку я Лисе обещал, вторую Волку, а тебе уж третья будет.

— Пусть третья, только чтоб самая большая!

— Ладно.

И все дальше пошли, к реке поближе.

Впереди Кот шагает, за ним Лиса вприпрыжку бежит, за Лисой Волк крадётся, позади всех Медведь вперевалку топает.

— Первая рыбка — чур, моя! — шепчет лиса.

— А вторая — моя... — бормочет Волк.

— А третья — вот такая — моя! — рычит Медведь.

Так и пришли все к реке.

Снял с себя Кот мешок, рядом ведёрко поставил, стал удочку разматывать. Лиса, Волк и Медведь в кустах неподалёку устроились: своей доли улова дожидаются.

Насадил Кот на крючок червяка, закинул удочку, уселся поудобнее и на поплавок уставился.

Приятели в кустах тоже с поплавка глаз не сводят. Ждут.

Лиса шепчет:

— Ловись, рыбка, большая и маленькая...

И вдруг поплавок дрогнул.

Лиса ахнула:

— Ах, моя рыбка клюёт!

Поплавок на воде заплясал, запрыгал; от него круги во все стороны побежали.

— Дёргай! Дёргай! Тащи мою рыбку! — закричала Лиса.

Испугался Кот — дёрнул. Сверкнула серебром рыбка и с плеском ушла под воду.

— Сорвалась! — прохрипел Волк. — Поторопилась, глупая, крик подняла... Ну, теперь моя очередь! Моя-то уж не сорвётся!

Насадил Кот на крючок нового червяка и снова закинул удочку.

Потирает Волк лапы, приговаривает:

— Ловись, рыбка, большая и крупная... Ловись...

Тут как раз поплавок вздрогнул и пошёл гулять по воде. Кот удилище уже в лапку забрал.

— Не дёргай! — рычит Волк. — Дай рыбе покрепче зацепиться.

Отпустил Кот удочку, а поплавок вдруг сразу остановился.

— Вот теперь тащи! — скомандовал Волк.

Кот дёрнул удочку — на конце лески голый крючок болтается.

— Дождался, — хихикнула Лиса. — Твоя рыбка всего червяка объела!

Кот насадил на крючок нового червяка и в третий раз закинул удочку.

— Ну, теперь тихо! — рявкнул Медведь. — Если мою рыбку спугнёте — я вам!.. Вот она!!!

Поплавок весь ушёл под воду, леска как струна натянулась: вот-вот оборвётся...

— Хо-хо! — радуется Медведь. — Это моя! Как наказывал, самая большая!

Кот еле-еле на берегу держится: рыбина, того и гляди, его в воду стащит.

Вот из воды уже показалась страшная, усатая морда...

Вот так сом!

— Я первая, это моя!.. Не дам!!! — вдруг взвизгнула Лиса и кинулась в реку.

— Не-е-е-ет, шалишь... Моя будет! — зарычал Волк и нырнул вслед за Лисой.

Медведь на берегу ревёт во всё горло:

— Ограбили!.. Разбойники!..

А в воде уже бой идёт: Волк и Лиса друг у друга рыбу выдирают.

Медведь не долго думал и с разбегу тоже бултыхнулся в воду.

Вода в реке как в котле кипит. То и дело наверх чья-нибудь голова вынырнет: то лисья, то волчья, то медвежья. Из-за чего дерутся — неизвестно. Рыба-то уже давно уплыла.

Усмехнулся Кот в усы, смотал удочку и пошёл другое место искать. Где поспокойнее.

Дядя Миша

Зашёл как-то Медведь к Зайцу в огород и спрашивает:

— Как дела, Косой?

— Да вот, морковку дёргаю, дядя Миша.

— А хороша морковка-то?

— Хороша, дядя Миша, да только сидит глубоко.

— Мне, пожалуй, тоже морковки нужно, — задумчиво сказал Медведь, — в запас на зиму...

— На здоровье, дядя Миша! Бери сколько хочешь!

Поплевал Медведь себе на лапы и пошёл морковь дёргать, да так, что она во все стороны полетела...

Как раз мимо Ёжик проходил, и одна морковка ему прямо в голову угодила и на колючках повисла.

— Безобразие какое! — зашипел Ёжик. — Что это тут делается?

— Морковку дёргаем! — рявкнул Медведь. — А ты куда собрался, Колючая Голова?!

— В лес иду. За груздями, за белыми грибами!

— Вот грибы — это дело! — обрадовался Медведь. — Мне запас на зиму нужен. Идём за груздями, за белыми грибами!

— Дядя Миша, — пискнул Заяц, — а как же морковка?

— Морковка, морковка... — рассердился Медведь. — Сам её кушай, а я грибы больше люблю!

И пошёл за Ёжиком в лес.

Ходит Ёжик по лесу, грибы собирает и себе на колючки накалывает, а неуклюжий Медведь их больше ногами топчет.

Белка ему с дерева кричит:

— Что это ты, дядя Миша, всё кланяешься?

— Да вот, грибы собираю — себе запас на зиму делаю, — отвечает Медведь.

— Ну что твои грибы, — пищит Белка, — ты лучше орешков попробуй!

Попробовал Медведь орехов, и они ему очень понравились.

— Вот это дело! Я их сразу, одним махом соберу. Вот так!

Обхватил Медведь лапами целый куст орешника, полный спелых орехов, и вырвал его из земли прямо с корнями, потом взвалил себе на спину и потащил. Увидел это Ёжик, только лапками развёл.

Тут навстречу Медведю Кот с удочками.

— Куда собрался, Усатый? — остановил его Медведь.

— На рыбалку, дядя Миша. Хочу котятам рыбки наловить.

— Рыбки? Я люблю рыбку, — облизнулся Медведь. — Мне очень нужно на зиму рыбкой запастись.

— Что ж, пошли! У меня как раз лишняя удочка есть, — сказал Кот.

Пошли на рыбалку.

Вдруг Кот спрашивает:

— Постой! А как же твои орехи, дядя Миша?

— Да что орехи... Мелочь. Идём скорее рыбу ловить, мне её много на зиму нужно.

Пришли на речку.

Только закинули удочки — Лиса тут как тут! Подсела к Медведю и хихикает:

— Пустяками ты, дядя Миша, занимаешься.

— Как это пустяками? — обиделся Медведь. — Мне рыба в запас на зиму нужна.

— Да много ли ты её наловишь? И какая радость целую зиму рыбу жевать? — говорит Лиса. Я лучше тебе другое дело предложу. Всю зиму меня благодарить будешь.

— Что за дело? — спросил Медведь.

— Пойдём-ка в деревню, кур, уток таскать.

— Кур? Уток? Идём скорее! — обрадовался Медведь и удочку бросил.

— Дядя Миша, у тебя рыбка клюёт! — кричит Кот.

— Пускай клюёт. Рыба не курица, — проворчал Медведь и пошёл за Лисой.

Когда стемнело, Медведь и Лиса по задам деревни подкрались к колхозному птичнику.

Лиса доску в заборе отодвинула и шепчет:

— Ты, дядя Миша, посторожи здесь, а я тебе курочек и уточек вынесу сколько твоей душеньке захочется.

— Ладно, — говорит Медведь, — только поскорее приходи, побольше приноси. Мне запас на зиму нужен.

Ходит Медведь вдоль забора туда-сюда, смотрит по сторонам, прислушивается... Но недолго ему пришлось сторожить: собак со всей деревни набежало видимо-невидимо! И все рычат, лают-заливаются, того и гляди, разорвут!

Забыл Медведь про кур, про уток, про Лису-плутовку и со всех ног бросился бежать...

Собаки целой сворой — за ним! Так и гнали бедного Мишку до самого леса.

Тем временем Лиса со своей добычей незаметно выбралась из птичника и побежала. Только её и видели!

А утром лежит Медведь в лесу под деревом, стонет, охает...

Мимо Мышонок пробегал, увидел Медведя, остановился.

— Что с вами, дядя Миша?

— Да вот, собаки... Вчера всю шкуру с меня чуть не содрали.

— Собаки? Это нехорошо, — пискнул Мышонок.

— Я хотел, понимаешь, себе на зиму запас сделать...

— Запас — это хорошо, — пискнул Мышонок.

— Я и морковку дёргал, и грибы собирал, и орехи рвал, рыбу удил, кур таскал...

— Кур таскал? Это нехорошо, — пискнул Мышонок.

— Всё делал — и вот с пустыми лапами остался...

— Что же теперь делать будете, дядя Миша? — спросил Мышонок.

— Делать нечего, — сказал Медведь. — Зима на носу. Залягу в берлогу, буду до весны лапу сосать...

— Эх, дядя Миша! — пискнул Мышонок. Он хотел, видно, ещё что-то сказать, да только махнул лапкой, свистнул и побежал дальше.

А что тут скажешь?

СОДЕРЖАНИЕ

УДК 821.161.1-34-053.2
ББК 84(2Рос=Рус)6-44
С90

Серия «Лучшие книги „Малыша“»
«Сәбидің ең жақсы кітаптары» сериясы
Литературно-художественное издание
Әдеби-көркем басылым
Для детей до 3-х лет
3 жасқа дейінгі балаларға арналған

Владимир Григорьевич Сутеев

СКАЗКИ И КАРТИНКИ
ЕРТЕГІЛЕР МЕН СУРЕТТЕР

Рисунки автора

Редактор *Н. Фавр, А. Никитина*. Художественный редактор *М. Тюрина*
Технический редактор *Т. Тимошина*. Корректор *М. Сиротникова*
Компьютерная вёрстка *С. Мовчан*

Подписано в печать 08.12.2025. Дата изготовления: январь 2026 г.
Формат 70×90/16. Бумага офсетная. Гарнитура Школьная
Усл. печ. л. 17,55. Доп. тираж 20 000 экз. Заказ № М-2882.

Общероссийский классификатор продукции
ОК-034-2014 (КПЕС 2008); 58.11.1 — книги, брошюры печатные
Книжная продукция ТР ТС 007/2011

Произведено в Российской Федерации

0+

Изготовитель: ООО «Издательство АСТ»
129085, Российская Федерация, г. Москва,
Звёздный бульвар, дом 21, строение 1, комната 705, пом. I, 7 этаж
Наш электронный адрес: ask@ast.ru. Наш сайт: www.ast.ru

Адрес места осуществления деятельности по изготовлению продукции:
123112, Российская Федерация, Москва, Пресненская набережная, д. 6, стр. 2,
Деловой комплекс «Империя», 14, 15 этаж

6-

ҚО ТР 007/2011 техникалық регламентінің талаптарына сәйкес келеді
Өндіруші: «Издательство АСТ» ЖШҚ
129085, Ресей Федерациясы, Мәскеу, Звёздный бульвары, 21-үй, 1-құрылыс, 705-бөлме, I үй-жай, 7-қабат
Біздің электрондық мекенжайымыз: www.ast.ru. E-mail: ask@ast.ru
Өнім өндіру қызметін жүзеге асыру мекенжайы:
123112, Ресей Федерациясы, Мәскеу, Пресненская жағ., 6-үй, 2-құр., «Империя» іскерлік кешені, 14, 15-қабат
Интернет-дүкен: www.book24.kz
Импортер в Республику Казахстан и Представитель по приему претензий в Республике Казахстан — ТОО «РДЦ Алматы», г. Алматы.
Қазақстан Республикасына импорттаушы «РДЦ-Алматы» ЖШС.
Дистрибьютор және Қазақстан Республикасында өнімге шағымдар қабылдау жөніндегі өкіл: «РДЦ-Алматы» ЖШС.
Алматы, Домбровский көш., 3«а», Б литері, офис 1.
Тел.: +7 (727) 251-59-90, 91, факс: +7 (727) 251-59-92 ішкі 107; E-mail: RDC-Almaty@eksmo.kz, www.book24.kz
Тауар белгісі: «АСТ». Өндірілген күні: қаңтар 2026
Өнімнің жарамдылық мерзімі шектелмеген. Сертификаттауға жатады

Отпечатано в типографии филиала АО «ТАТМЕДИА» «ПИК «Идел-Пресс».
420066, Россия, г. Казань, ул. Декабристов, 2.

Сутеев, Владимир Григорьевич.
С90 Сказки и картинки: рисунки автора / В. Сутеев. — Москва : Издательство АСТ, 2026. — 238, [2] с. : ил. — (Лучшие книги „Малыша“).

ISBN 978-5-17-089193-1.

«Сказки и картинки» — самая известная книга автора и художника В. Сутеева. Нет ни одного дома, ни одной семьи, где бы не слышали о Капризной Кошке или Цыплёнке с Утёнком, не смотрели бы мультфильмы «Мешок яблок» или «Разные колёса», не восторгались бы персонажами сказок детских писателей, чьи произведения так удивительно точно дополняют рисунки В. Сутеева. Наша книга — самый лучший подарок каждому малышу, ведь в ней собраны все сказки и картинки, которые придумал и нарисовал автор и художник, сценарист и режиссёр, добрый сказочник В. Сутеев.

Для детей до 3-х лет.

УДК 821.161.1-34-053.2
ББК 84(2Рос=Рус)6-44